OBERTO COLLE, **POESIE E PENSIERI**

oberto Colle, classe 1961, vive a Crema, di professione controllore del traffico reo; appassionato di volo, musica e poesia, esordisce con la raccolta *Poesie e ensieri*. In esergo una citazione di Jaques Prévert: "Bisognerebbe tentare di sere sempre felici, non foss'altro per dare l'esempio."; credo che su questa fermazione fondi la sua poetica, invitandoci ad aprirci alla vita.

La sua voce è conversevole, come se parlasse con se medesimo. Mi endo la libertà di lasciarmi trascinare dalle mie emozioni. Trovo una continua egia all'amore, ovunque l'Autore si trovi, si mostra pago anche di "*Solo due inuti*". Credo che Egli trasferisca le sensazioni e le suggestioni che gli nascono lla professione nei versi; così in 'Crema' il controllore di volo guarda orizzonte ma pensa a 'lei'. Affascinato dalle stesse parole vorrebbe innalzarle al assimo grado. Sceso dal cielo, la sua mente si riposa, ugualmente, al pensiero lei.

La sua voce è un'instancabile dichiarazione d'amore, afferma che l'amore gioia, è dolore. Dall'alba alla notte, il suo pensiero è fisso; senza di lei, nulla ha nso. Il Poeta veste le multiforme mitiche sembianze di Nettuno, Marte, Bacco, mpre in funzione di lei, spiando ogni angolo di mondo: "*luce ed ombra dalle rsiane abbassate;/ Lontane cicale a battere il tempo./ Queste immagini mi stano in mente,/ chiudendo gli occhi in cerca dei tuoi.*" (pag. 19) Ricorda un ste 'tre dicembre'; promette a se stesso che non permetterà mai di menticarla, anche se lei non si è accorta di lui. Invoca: Dio "*te ne prego,/ nimi con te e non farmi morire.*" (26).

Alterna a momenti di smarrimento, momenti di richiesta di supplizio amore. A Valerio (figlio ?) "*Ti vedo un domani già uomo, mi chiedo cosa sarò r te./ Quando mi vedrai i tuoi occhi brilleranno?/ Rideremo ancora insieme*

1

come oggi?" (30). È soddisfatto che il risveglio avvenga sotto il sorriso di Pao]
osserva Roberta nella sua delicatezza. La vita è un coacervo di cose, i su
pensieri sono molteplici, ma lui sogna di essere organismo botanico: *"Sogna*
d'esser Platano alto e fermo, / con i rami dondolanti alla brezza della sera./ ..
Oppure Pioppo cupo e severo, baluardo nel tempo,/ con radici profonde
rinforzare gli argini di impetuosi fiumi./ .../ Ma son solo Mirto eternamente
bilico sul baratro del tempo,/ eternamente aggrappato ad un pugno di sabbia
vento." (36). E quando smette di sognare va alla ricerca di lei.

Roberto Colle con *Poesie e Pensieri* si rivolge all'amore, tema princi,
della raccolta, ma credo che personifichi pure un'immensa solitudine,
immenso bisogno d'amore, di ciò è consapevole. Vinto, schiavo e cantc
d'amore, ha la tenerezza del cuore e la passione dei sensi: *"Le tue mani sulla m*
schiena, mi giro supino./ La tua bocca sulla mia, sul mio collo, sul mio petto./
tuo ventre contro il mio, la mia vita tra le tue gambe." (47). Il primo e l'ultin
pensiero è per la persona amata, pur crogiolandosi nel tormento. Mi pare c
desideri essere sommerso, annegare fra le braccia di una Venere nelle sembiant
di un Angelo.

I ricordi man mano vanno indietro, al suo "Piccolo mondo che sa ancc
di antico" e di mistico, che mette insieme nel cosmo di un amore urlato ai quat
venti, o sussurrato nella intimità sentimentale, innamorato pazzo. Mette insiei
'L'operaio Polacco', il Papa *"Carol, quando mi è venuto in sogno e*
ammiccando, mi ha sorriso.", con Narciso in cui il Poeta si riflette e si ricer
congedandosi. La poesia ha prodotto pensieri a catena e non sai quan
finiscono.

"Quella di Roberto Colle è una poesia nutrita di pensiero forte,
vigoroso spessore umano, inebriata da un senso di pienezza misteriosa laddo
metrica e sintassi irregolari contribuiscono a creare tensione con uno st.

nsolitamente frammisto di tono elevato e linguaggio colloquiale. L'Autore sclude la negatività perché è arrivato a 50 anni senza decidere dei confini che n natura impone a tutto ciò che esiste in contesti che spostano le immagini ensoriali verso significati altri, che alludono ad una visione metafisica non solo ell'amore, ma del mondo, della vita, della morte."*

Tito Cauchi

Motivazione ottenuta al Premio Nazionale 2011, Poesia Edita Leandro Polverini - Anzio, d'assegnazione del 2° posto nella sezione poesia metafisica. (NdA)

Bisognerebbe tentare di essere sempre felici, non foss'altro per dare l'esempio.

jacques Prévert

Due minuti

Solo due minuti per vederti
Solo due minuti per amarti

Due minuti che scorrono via tra le dita, come acqua di mare
Due minuti e non ci sei più, come il buio oltre il sole

Aspettarti di giorno la notte sognarti
vederti tra la gente far finta di ignorarti

cercarti tra i pensieri sparsi sul cuscino
tenermi alla tua mano per fuggire al mio destino

svegliarmi al mattino col tuo nome fra le labbra
mentre con un battito d'ali ti dissolvi nella nebbia

Crema

Mentre il mio sguardo segue l'orizzonte,
la terra mi parla di te.
Sorniona e pigra ti lasci accarezzare
come un gatto che dorme sul divano.
Mi hai accolto senza chiedermi chi fossi
Mi hai lodato nei momenti più felici
Mi hai punito nei momenti più bui
Non mi hai mai però allontanato da te.
La tua mano è sempre tesa pronta a perdonare
ed a stringere al cuore
chiunque scelga di amarti.
Ti ringrazio, oggi so che non andrò mai via.

Il cielo

Così immenso da perderci i pensieri
come fronde squassate al temporale estivo.
D' un azzurro chiaro come i tuoi occhi,
d' un bianco delle nuvole candide come la tua pelle.
Seguo il mio destino lontano dal tuo cuore,
cerco invano nell'attesa di un attimo
il giaciglio dove riposare le mie ossa stanche .
Questo cielo ci seguirà per l'eternità,
testimone del mio amore e del mio oblio.
Cerco la pioggia per lavare l'indifferenza del tuo sguardo.
Cerco la luce che mi dia la direzione.
Cerco te nell'immensità del buio, mio lontanissimo faro.

Parole

Di quante parole è fatto il mondo
Quante ne ho dette quante no
Quante per ferire, quante per amare
Di quante parole sei fatta tu
Parole d'amore? O parole d' odio?
Parole come aghi o parole come piume?
D'aghi o di piume nulla mi importa
Se a sussurrarmele sei tu.

Tu

Forte nell'anima ti sei fatta sentire
Allora d'un tratto ho creduto di volare
Pensavo " l'amore è là dove sei pronto a soffrire *"
E' vero, e come tutto è possibile avere
Pago di tutto, son pronto a morire

*" tratta da un brano di Cesare Cremonini

Fiore di campo

Ti culli al vento caldo di luglio

I tuoi capelli come petali profumati

La tua bocca come una ciliegia matura

Il tuo seno si staglia verso il cielo ignaro del mio sguardo rapito

Rimango in silenzio, non oso parlare

D'un tratto ti volti spalanchi le braccia in un dolce invito

Ora il mio cuore è impazzito e ubriaco d'amore ti cingo la vita

Sento il tuo respiro caldo sulle mie labbra e mi abbandono

Come due gocce di rugiada i tuoi occhi mi scrutano

Sì amore mio, sono finalmente tornato

Ora la mia mente è lucida ed il mio cuore è calmo

Ora e per sempre ... ora e per sempre

Abisso

Ho il cuore tra le mani,
lo guardo pulsare.

Non smetterò mai di cercarti.
Non smetterà mai di sanguinare.

Nei tuoi occhi l'abisso.
Al tuo cospetto una vertigine.

Amare è gioia immensa come un dolore.
dolore è gioia immensa come un amore.

Esangue rimango in bilico sulla vita.
Una vita in bilico tra follia e ragione.

L'alba

Verso est il chiarore dell'alba si allunga sull'asfalto.

La mente corre verso un nuovo giorno sulle ali della notte.

Lascio l'ultimo sogno sull'uscio di casa.

Penso a te tra le calde onde del letto.

Sento ancora il tuo respiro sul cuore.

È un nuovo giorno che abbraccia la nostra vita.

È una nuova magnifica luce che ci indica il futuro.

Girotondo

Giro,

giro,

giro ma

questa casa con voi dentro,

è il posto più bello del mondo

Perché?

Perché continuo a strapazzarmi il cuore su di un letto di spine?

Forse perché l'amore è dolore e gioia ma quando non è ricambiato

diventa purezza assoluta e quei pochi momenti di gioia ripagano di tutto dolore provato.

Dolcemente

A piccoli passi.

Con piccoli respiri.

Sfiorandoti la pelle.

Come un leggero soffio sull'anima.

Dolcemente ti accorgerai di me.

Non importa quando.

Non importa come.

Non importa dove.

Io so che accadrà.

Irraggiungibile

Ti guardavo negli occhi e mi batteva forte il cuore.

Ti guardavo le labbra e mi tremavano le gambe.

Mi fissavi severa e non riuscivo a parlare.

Ti sentivo forte dentro il mio cuore.

Irraggiungibile alle mie mani.

Lontana dalla mia bocca.

Dai miei pensieri.

Dall'anima.

Da me.

Il tempo che passa

Passo la vita aspettando che passi.

Passo le ore aspettando il tuo viso.

Penso al tuo viso e non lo ricordo.

Penso a un ricordo che sembra il tuo viso.

Passo la vita aspettando un ricordo.

Passo la vita aspettando te.

I tuoi occhi

Ho stracciato il cielo con le mani,
aveva lo stesso azzurro dei tuoi occhi.
Ora nessuno potrà più vederlo,
come io non potrò più vederli.

Ho buttato nel mare tutti i miei sogni,
senza di te a cosa mi servono.
Li ho visti affondare pian piano nel buio,
come ti ho visto svanire, tra le braccia del tempo.

Felicità

Un pensiero sublime tra una ciocca di burro e una foglia d'alloro.

Saltello leggiadro tra cipolla affettata e spruzzi di sale.

La polpa soffrigge, il cuore leggero, profumi e sapori di luoghi lontani.

'odore del pane, il prezzemolo gaio, un trito di manzo a far da soprano.

Padelle, forchette a far da fondo a questi fornelli col fuoco giocondo.

ora, si mangia, nutrite la pancia e scaldatevi il cuore, un piatto di pasta è

come un bacio d'amore.

Zampilli di vino, occhi felici, che bello onorarvi miei splendidi amici.

Rosa rossa

Da un cespuglio sempre nascosta,
profumata, turgida e misteriosa,
rimango ipnotizzato alla sua vista e
inebriato dal suo magico profumo.
Come un'ostrica che si schiude per accogliermi,
come una bocca che mi mangia golosa.
Gioia immensa sa darmi ed ogni volta,
muoio e rinasco mille volte in lei.
Come Nettuno mi ergo fra le onde del suo mare
e come Marte guerriero sfinito mi addormento.
Come Bacco sazio del suo dolce succo,
infine mi abbandono tra i fumi della passione.

1

Ali di farfalla

Cosa rimarrà del nostro tempo, dei miei dubbi, dei tuoi sospiri?

In uno scrigno, fatto con le mie mani, custodirò i tuoi timori.

Non li mostrerò a nessuno fintanto che tu non lo vorrai.

Li terrò da conto come ali di farfalla e petali di rosa.

Fermerò il vento per non farli volar via.

Fermerò il tempo affinché siano eterni.

Pomeriggio d'estate

Piccola donna dallo sguardo sereno;

piccolo fiore del primo mattino;

gocce di rugiada sui tuoi morbidi seni;

brezza delicata tra i tuoi capelli;

acqua di mare sulla tua pelle;

sole d'estate intorno al tuo cuore.

Mi guardi e non parli piegando la testa,

sorridi e ti volti pian piano di schiena.

Lenti rintocchi di campane lontane;

pigri respiri di pomeriggi assolati;

luce ed ombra dalle persiane abbassate.

Lontane cicale a battere il tempo.

Queste immagini mi restano in mente,

chiudendo gli occhi in cerca dei tuoi.

Questi pensieri lontani e leggeri,

appena prima di addormentarmi.

Sentire il tempo che si dilata,

fuggendo ad echi di lontani discorsi.

Vedere il buio che si avvicina e che mi abbraccia in un lieve cullare.

Ora più nulla, il silenzio regna e guarda sornione il mio viso sereno.

Dormo infine sognando di correre insieme a te, su di un tappeto di luce

Tre *dicembre*

Con un tonfo sordo, mi si è spezzato il cuore.
Le ginocchia hanno ceduto, sono a terra attonito.
Guardo nel vuoto, non capisco.
Le mani tremano, ho gli occhi umidi.
Sento l'angoscia stingere la morsa attorno allo stomaco.
Un fischio fortissimo mi squassa la testa.
Come un soldato ferito a morte, aspetto l'ultimo respiro.
Come cavallo azzoppato in piena corsa, sono a terra ansimante.
Cosa è accaduto? Perché la vita mi sta sfuggendo di mano?
Un minuta fa ero felice ma poi, il tuo sguardo mi ha gelato.
Ecco cosa è stato, ora lo ricordo,
in un secondo mi è crollato il mondo addosso.
Sono a terra con gli occhi fissi nel vuoto.
Nulla ha più un senso, nulla ha più un domani.
Mi alzo barcollando, avanzo nella nebbia, non ho riferimenti,
ancor meno certezze.
In un angolo buio, con la testa fra le mani, provo ad ignorarti.
Non ho più lacrime da piangere, non ho più parole da dire.
Per sempre triste continuerò a cercare di capire.
Per sempre triste continuerò a camminare.

Bambino

Ma cosa vedo nel bicchiere? Sembra una mano o sono già sbronzo?

Butto giù un sorso per vederci meglio.

E sì, è proprio una mano ma non di un uomo.

Un altro sorso e ci vedrò più chiaro.

È proprio una mano, la mano di un bimbo tesa a qualcuno ma, a chi e perché

Con l'ultimo sorso dovrei vederlo, forse la tende a chi gli è vicino.

Il bicchiere è vuoto, la mano è ancora tesa ma, nessuno è venuto a stringergliela.

Povero bambino.

Non passerà mai

Eccomi qua, fottuto dall'amore e dalla malinconia,
a chiederti ancora di guardarmi, di sorridermi.
Non passerà mai, non la farò passare,
non permetterò al mio cuore di dimenticarti.
Infine vecchio e stanco finalmente ti avrò
E sarà come rinascere ad una nuova eterna vita.

Il buio

Solo sulla strada.

Solo col cuore calmo.

Solo con me stesso,

ad ascoltar la notte.

Lei mi parla di mondi lontani,

io ascolto in silenzio.

Lei mi chiama nel buio profondo,

io la seguo senza timore.

Il buio mi circonda,

mi avvolge in un tenero abbraccio.

Ore non ho più paura,

non ne avrò mai più.

Preghiera all'acqua

Lava il dolore, lavami l'anima.
Concedile il candore di un bambino.
Curala dentro, espandila verso il mondo.
Fà uscire l'odio, fà entrare l'amore.
Concedile il tempo per il perdono,
preparala al tempo per la nuova vita.
Tutto è perduto, nulla è perduto.
Ritrovo la strada, ritrovo l'amore.
Tutto è cambiato, nulla è cambiato.
Guardandomi dentro vedo il cammino,
scrutando l'ignoto ritrovo me stesso.
Acqua concedimi ancora un minuto,
fà del mio tempo un tempo di pace,
fà del mio odio cibo per il perdono.

L'amore non si dimentica

Come un fiore in un libro, ti terrò nascosta.

Di tanto in tanto, mi fermerò a guardarti,

e a rimpiangere i giorni che mi hai dato.

Come una farfalla, mi volavi tra le mani,

mentre io lottavo per non farti fuggire ma

tu fuggisti lontana, mentre guardavo il bagliore del sole.

Ti ho perduta scioccamente e non mi hai perdonato.

Ora fermati e dimmi cosa è rimasto di noi.

Guardami negli occhi, vedi ancora il fuoco che mi bruciava dentro?

Guardami nel cuore, vedi ancora l'amore che mi consumava l'anima?

Dove sei ora, chi ti stringe a sè per non farti fuggire?

I tuoi ricordi non mi appartengono più, io non ti appartengo più.

Il nodo si è sciolto, la tua nave ha preso il largo senza me.

Sono rimasto sulla banchina a guardare, con un fazzoletto bianco in
mano,

volevo agitarlo ma non ne avevo la forza e così non mi hai potuto veder

Non hai visto le lacrime che mi correvano sul viso,

non hai visto il cuore che si scioglieva al sole.

Quante volte

Quante volte ti ho tradita?

Tutte le volte avrei voluto dirlo.

Quante volte ti ho ingannata?

Tutte le volte dentro piangevo.

Quante volte ti ho creduto nemica?

Tutte le volte mi nascondevo ai tuoi occhi.

Ora sono stanco, sono tuo prigioniero,

non liberarmi, ti tradirò ancora.

Tienimi stretto alle tue catene,

non mi ascoltare, non farti ingannare.

Lei è li fuori, lo sento che chiama,

sa che son qui e non andrà via.

Lei è li fuori che mi vuole indietro,

non darle retta o sarò perduto.

Non l'ascoltare è furba e maligna,

non mi lasciare, non avrò più speranze.

Tienimi con te, mio Dio, te ne prego,

tienimi con te e non farmi morire.

Alessandria

La nebbia mi avvolge mentre cammino, lungo le vie appena tracciate.

Che strana città, che luogo bizzarro, sembra che il tempo l'abbia scordato.

Sembra di essere dentro ad una nuvola,in un mondo lontano, lontano, lontano.

Alessandria, dunque è cosi che ti chiami ma infine dov' eri che non ti trovavo?

Ho passato Valenza e poi anche Novi e non riuscivo a vedere la' dove eri.

La nebbia a volte ha un fare strano, bisbiglia all'orecchio come un'amante.

Ti di dice cose che non sono vere, ti prende per mano e ti porta lontano

Lungo i tuoi viali così larghi e deserti, spesso ho perduto il mio strano cammino ,ritrovandomi dopo, poco più avanti, che triste ed assente aspettavo una mano.

Non m' hai mai amato, non ti ho mai amato, ci siamo lasciati senza rimpianto.

Le tue colline non m' hanno mai dato, quel che da allora non ho ancora trovato.

"Eccola è lei. Taci non parlare,
è arrivata spavalda pronta a colpire".
"Non ti muovere, ti può vedere" ma,
ogni volta colpiva a dovere.
Un dolore scuro iniziavo a sentire,
Un dolore scuro e non sapevo dove.
Un dolore scuro come la notte che
lentamente mi trascinava lontano.
Quanto male ho sentito nel cuore,
quanto male mi ha fatto provare.
Quanto forte ho dovuto gridare,
per mandarla lontano e non farla tornare.

Se tu sei l'amore

Se tu sei l'amore, spaccami il cuore.
Fatti largo tra le parole.
Spingi forte da dentro il mio petto,
prendi i miei occhi, prenditi tutto.
Fammi urlare fino a che ho voce.
Usa il mio corpo senza timore.
Se son io il solo mezzo che hai,
fai pure di me tutto quello che vuoi.
Per te amerò senza stancarmi,
senza chiederti di ascoltarmi,
e quando stanco cercherò pace,
stringimi a te in un abbraccio di luce.

Valerio

Ti guardo mentre mi parli,
i tuoi occhi sereni, il tuo respiro calmo,
le tue mani così magre, le tue dita così lunghe.
Mi chiedo cosa pensi di me, se mi senti vicino,
Ti vedo un domani già uomo, mi chiedo cosa sarò per te.
Quando mi vedrai i tuoi occhi brilleranno?
Rideremo ancora insieme come oggi?
Ed il mio abbraccio ti darà gioia o disagio?
Pronuncerai con affetto il mio nome,
o per me avrai solo indifferenza?
Quanta paura ho nel cuore,quanti dubbi nella mente.
Lasciarti la mano e farti corre solo, lontano,
sempre più lontano, fino al giorno in cui la tua vita
non sarà più un orbita intorno alla mia ma,
una rotta ancora non tracciata in un universo immenso.
Rimarrò in attesa e le attese saranno sempre più lunghe.
Gioirò dei ritorni e i ritorni saranno sempre più radi.
Infine me ne andrò con l'eterno dubbio di ogni padre.
Mi ricorderai? Allora, riconciliandomi finalmente con Dio,
pregherò perché il mio amore ti accompagni per sempre.

Risveglio (Paola)

Pensieri disordinati come fogli di giornale sparpagliati su una piazza.

Riemergo dal sonno piano piano come da un abisso oceanico.

Mi alzo dal letto tiepido, barcollo verso la porta ad occhi chiusi.

Il pavimento freddo piano piano mi sveglia.

Odore di caffè misto al tuo profumo.

Il sole trafigge le tende diffondendo una luce soffice.

Mi sorridi, ti sorrido … buongiorno amore mio.

L'unico scopo finale

Corro a perdifiato al di là del cuore.
Al di là del sole, al di là della notte.
Al di là dei sogni e dei desideri.
Al di là dei pensieri, al di là dell'amore
al di là della vita, al di là della morte.
Corro verso una luce, bianca, immensa.
Ora sono al centro, lentamente tutto ruota intorno,
non c'è più il tempo, non c'è più un luogo.
Io, null'altro. Minuscola particella di plasma,
frammento di energia, fuso nell'universo.
Né anima né materia, pura essenza di vita che
spontaneamente si trasforma in pura energia
proiettata verso il suo unico scopo finale:
aumentare l'entropia dell'universo.

Nulla da capire

*"Il giorno che capirai che non c'è nulla da capire
sarà il giorno in cui capire non è servito a nulla."*

Puzzle

Nelle mie tasche a volte trovo cose strane.
Pezzi di pensieri che non son riuscito a esprimere,
parole che mi son rimaste in bocca, mezze frasi,
occhiate che non hanno raggiunto l'obbiettivo,
frasi che ho udito solo in parte, sospiri d'amore rimasti in gola
e tante altre cose.
Allora di tanto in tanto le prendo tutte e le metto su di un tavolo
e provo a completarle incollandole insieme.
Così, pezzi di pensiero si incastrano con le parole rimaste in bocca,
occhiate le fondo con le mezze frasi e i sospiri d'amore rimasti in gola
con le frasi udite in parte e poi rimango a guardarle
e provo a dare ad ognuna di loro un
significato.
Cosa ne viene fuori? Un puzzle che è lo spaccato della mia vita,
bella e disordinata   così come mi piace e non la cambierei con
nessun'altra, errori compresi.

Ad occhi aperti (sogni)

Gocce di vita

Profumo di te

Sabbia tra le mani

Pensieri lontani

Occhi chiusi sul mondo

Calore sulla pelle

Notti silenti

Albe gloriose

Nuvole bianche

Pioggia leggera

Una stretta di mano

Un bacio d'amore

Mirto

Mirto squassato dal vento del mare,
storpio e arroccato su di un cumulo di sabbia.
I rami contorti come braccia monche,
nel disperato bisogno di rimanere vivo.
Sferzato d'acqua fredda e sabbia,
la faccia tagliata e gli occhi stanchi.
La bocca serrata come una ferita di guerra,
in un'unica smorfia di continuo dolore.
Senza mai pace, senza speranza alcuna.
Pochi istanti di calma e di sole tiepido,
per riprendere fiato, poi tutto come sempre.

Sognavo d'esser Platano alto e fermo,
con i rami dondolanti alla brezza della sera.
Calmo e saggio, guardare dall'alto la pianura.
Il mio mantello ruvido e caldo, la mia
chioma
a far da casa a mille uccelli indaffarati.
Le mie radici profonde e forti a sostenere secoli
e secoli di memoria, sempre presente, sempre immobile.

Oppure Pioppo cupo e severo, baluardo nel tempo,

con radici profonde a rinforzare gli argini di impetuosi fiumi.

Colmo della gratitudine del mondo per l'arduo lavoro,

rifugio di creature impaurite, difesa estrema e solida.

Il mantello bianco come impavido cavaliere errante,

la foglia larga come palmo di una mano amica e sicura.

Immortale come cassapanca custode di inenarrabili segreti.

Dolce come il legno chiaro della sua anima.

Ma son solo Mirto eternamente in bilico sul baratro del tempo,

eternamente aggrappato ad un pugno di sabbia e vento.

Con le dita affondate nella poca terra attorno ad un mare impietoso.

Perché (Stupido)

Continuo a non capirlo che non mi vuoi.

Continuo a non capirlo che non c'è niente da fare

e continuo a rendermi ridicolo, cercandoti ancora.

Perché tutto questo?Perché non riesco a farmene una ragione?

Perché continuo a pensarti?Perché continuo ad amarti?

Perché sono uno stupido ma, anche gli stupidi hanno il diritto di sognare.

Tu sei il mio sogno ed il sogno a volte è l'unico modo per sentirsi vivi.

Vivi e disperatamente innamorati, senza speranza, senza futuro, senza pace.

Tempesta

Ho smesso di lottare,
mi sono seduto
con la testa fra le mani
ed ho pianto.
Ho smesso di sognare,
mi sono svegliato
e con gli occhi lucidi
ti ho cercato.
Non ho più forze,
non resisto più
ieri sembrava facile
oggi mi è impossibile.
Tu non mi rispondi,
è tutto come prima
non è servito a nulla
a che scopo lottare?
In un mare in tempesta
navigo da sempre vogando
col viso contro il vento

In una vita in tempesta

sempre contro vento

sempre con fatica.

A spingere i remi

uno dopo l'altro

sempre più forte

fino allo stremo

fino alla fine

fino a quando?

Ho smesso di lottare …

Ho smesso di sognare …

Non ho più forze …

Tu non mi rispondi …

In un mare in tempesta …

In una vita in tempesta …

A spingere

Poco o niente

Un pugno di polvere da spargere al vento.
Un sospiro profondo, un saluto con la mano.
Tutto questo è quello che rimarrà: poco o niente.

Solo

Mi son sentito solo
Solo contro il tempo
Solo contro il mondo.

Non mi hai capito
Non mi son spiegato
Sono rimasto zitto.

Nulla da dire
Nulla da fare
Nulla e basta.

Mi son guardato indietro
Tu non c'eri più
Non c'era più nessuno.

...non voglio il paradiso, a cosa mi serve se tu non ci sei

Angelo

Camminando lungo la vita,
d 'un tratto m'hai afferrato la mano.

Senza dirmi nulla,
m' hai portato verso il mare.

Ci siamo seduti sulla spiaggia,
senza parlare m'hai baciato.

Ho chiuso gli occhi, t'ho stretto a me
Ma, chi mi baciava non eri tu.

Era un angelo senza volto,
forse l'idea di te che ritornava.

Quanto mi sei mancata ho pensato,
dove eri andata amore mio.

Per l' intero mondo t'ho cercata,
per tutta la vita t'ho aspettato.

Ora sei qui accanto e non so chi sei.

Sei le promesse che non mi hai mai fatto?

O le troppe che te ne ho fatte io?
È la vita che sognavamo che stiamo vivendo?

Intanto il mare ci guardava e rideva di noi.
Rideva delle nostre piccole vite,

così affannate a rincorrersi, a cercarsi,
così avvinghiate l'una all'altra.

"Non smettere di abbracciarmi,
non sopporto l'idea che possa essere l'ultimo."

"Non smettere di baciarmi,
voglio trattenere la tua essenza per sempre."

Spirale di luce

Ho attraversato il tempo per giungere qui,
ora il tempo è giunto e tutto si fermi.
È un buon posto per finire la storia
ed un buon posto per iniziarne un'altra
Dammi la mano, stringila forte e corriamo.
Insieme voleremo verso il cielo,
insieme attraverseremo l'infinito.
A testa alta attraverseremo le nostre vite,
saremo solo stelle insieme ad altre stelle.
Danzeremo di gioia per l'eternità,
saremo una cosa sola e nulla ci dividerà.
Butta alle spalle tutti i rimpianti,
vesti di luce nuova i tuoi occhi.
Spogliati degli stracci della vita,
come regina ora ti rivestirai.
Splendida nel bagliore del mattino,
eternamente giovane sarai.
Ora non siamo più cosa
Ora siamo luce nella luce
In una spirale infinita di passione.

Un sogno agitato

Un sogno agitato mi ha svegliato,
devo averti urtato, ti svegli.
Le tue mani sulla mia schiena, mi giro supino.
La tua bocca sulla mia, sul mio collo, sul mio petto.
Il tuo ventre contro il mio, la mia vita tra le tue gambe.
Mi prendi, sono in te. Mi stringi, la mia bocca sul tuo collo,
le mie mani su e giù sulla tua schiena, ti graffio leggermente.
Un gemito, poi un altro, i tuoi seni sul mio petto, forte, ancora…
Le mie mani sui tuoi fianchi, ti adoro, mi ami, respiri forte.
Mi stringi ancora, i tuoi seni cercano la mia bocca, ancora ed ancora.
Rimaniamo in silenzio, i cuori battono insieme…buongiorno amore mio

L'ultimo pensiero

È stato bello parlarti,
Eri così serena e calma.
Quasi non mi sembrava possibile.
Mentre parlavi il cuore mi batteva forte,
ti guardavo le mani, avrei voluto accarezzarle,
ti guardavo la bocca, avrei voluto baciarla,
guardavo il tuo corpo, avrei voluto stringerlo.
Non ho detto nulla per non farti fuggire.
Il mio cuore ha pianto quando ti ho lasciata,
ma, ha pianto di gioia per l'attenzione che mi hai concesso.
Mi sono addormentato sereno, abbracciando il cuscino
e l'ultimo pensiero è stato per te.
Buonanotte, questa notte ti accompagna il mio cuore.

Mi fai male

Non posso amarla così,
mi si spezza il cuore
Non c'è futuro,
non c'è speranza.
Dio, cosa devo fare?
Indicami la via.
Non posso perderla
e non posso averla.
Perché amare fa così male?

Non mi avrai

Con il cuore a pezzi
per la mia strada
continuerò.
Non mi volterò
mai indietro
non ascolterò,
le tue lusinghe
Non mi avrai.

Stupore abbagliante

Pensieri assonnati
sparsi sulla strada
come tenue nebbia mattutina.
Il rumore sordo della notte
mentre corro nel buio.
Il chiarore lontano
aleggia leggero.
Sereno *è* il cuore
proteso in avanti.
Il giorno *è già* qui.
Stupore abbagliante

La linea della vita

Siediti
dammi la mano
il segno della vita
corre lontano
sulla strada
oltre il confine
al di là del tempo
perduto e
mai ritrovato.
Non ero io
che vedesti allora
solo la mia anima
sempre solitaria.
Ora dimmi cosa vuoi
o lasciami in pace.
So che non posso tornare
e tu non mi farai tornare
so che non posso restare
e tu non mi farai restare

dimmi in fine
cosa resterà di me:
una futura certezza
o un vago ricordo?

Petali

Pensieri
come fossero
fiori
dai petali
chiari
strappati per
conoscere il
futuro
portati dal vento
lontano
sull'acqua
correvano via
per non tornare
per non soffrire
eternamente

Volare

_Sospiri di nuvole nei
caldi cieli d'agosto.
Invisibili aviatori a seguire
le linee del cielo.
Improvvisi voli d'ali leggere
inebriate dalla luce del sole.
Sorridenti cuori di donne
a seguire arditi volteggi,
stupefatte e con il naso all'insù._

Piccolo mondo

Seduto ad aspettare il vento
guardando non troppo
lontano, a volte vedi cose che
non credevi ti piacessero ancora.
Riscopri un vita fatta di poco.
Dormire, parlare, ridere e mangiare
senza troppi affanni e senza intoppi.
Placidi momenti fatti di poche cose
Tranquilli pomeriggi con la testa all'ombra,
L'odore dell'erba, il saltello dell'acqua in un canale
Ronzio d'api, una bici sul prato, un trattore che passa.
Il bar con gli amici, una partita di calcio, la cena con i tuoi.
Piccolo mondo che sa ancora di antico, piccolo mondo
sereno e dorato, come il grano di giugno.

Ti amo

Un abbraccio tenero
Gli occhi socchiusi
Respiro caldo
Ti amo fortissimo

Per sempre

Non dimenticherò
Non smetterò
Non finirà

Per sempre tuo
Per sempre mia
Per sempre

Fino alla fine
Oltre la vita
Oltre la morte

Cuore

Ho visto il mio cuore in un rovo di spine
Ho provato a prenderlo con le mani
Mi sono ferito invano per salvarlo.

Ho gridato finchè ho avuto fiato
Ho pianto lacrime di piombo fuso
Ho reciso i nervi delle mie braccia.

Infine sei giunta tu anima mia
Hai dipanato i rovi con un gesto
Lo hai raccolto tra le tue candide mani.

Ti sei presa cura di lui con infinito amore
Hai chiuso tutte le sue ferite lacere
Gli hai donato vita nuova.

Tra le mani me lo hai ridato
Soffiandoci sopra l'essenza della vita
Palpitante l'ho raccolto con infinita grazia.

L'ho riposto nel mio petto stanco

L'ho visto far scorrere di nuovo il sangue
Ho sentito la vita entrare ancora in me.

Per sempre ed oltre ti sarò grato
Ti amerò incondizionatamente
Ti amerò eternamente

Sento la tua vita battere nel mio grembo
Ti cullerò come una madre culla il proprio bambino
Il mio cuore bambino tra le tue tenere braccia

Amami di un amore puro
Ti amerò di un amore vero
Non soffriremo mai più

Quanto amore

Quanto amore ho sprecato
Quante volte non ne ho avuto cura
L'ho deriso, schernito e gettato via
Quanto amore ho sprecato.
Passavo il tempo ridendo di lui
Come fosse un cane rabbioso
Passavo le ore a non credergli
Quanto amore ho sprecato.
Usavo il tempo solo per me
Non m' importava nulla di lui
Solo ora sulla strada polverosa
Solo con i miei pensieri inutili
Mi accorgo di quanto ho sbagliato
Ora lo rincorro, lo cerco, lo voglio,
fin nelle viscere della terra l'ho seguito
negli abissi più profondi del mare l'ho cercato
tra le stelle dell'universo ho consumato gli occhi
ora piango per averlo deriso e insultato
ora vorrei tornare indietro e non avere parlato
ora che è d'amore che vivrei non lo trovo

quanto amore ho sprecato.
Sulle sponde del fiume mi stenderò
ed il tempo non passerà mai.
Nell'acqua color terra mi bagnerò
ed il tempo non passerà mai.
In ginocchio canterò le mie preghiere
come un mendicante andrò vestito
solo per chiedere scusa
supplicando l'elemosina di casa in casa
per farmi perdonare.
Moribondo sul ciglio della strada
allora mi troverai e pietoso mi prenderai
in braccio prima dell'ultimo respiro
allora ti avrò trovato finalmente.
Quanto amore ho sprecato

Pazzo

Hai pronunciato il mio nome.
L'orribile suono che di solito produce,
detto dalla tua bocca sembra una poesia.
D'un tratto mi sono sciolto come neve al sole.
Quanto ti amo, vorrei gridarlo a tutto il mondo
scriverlo sui muri, cantarlo a squarciagola.
Vorrei prenderti per mano e correre nel vento.
Dio mio, sono completamente pazzo di te.

Domenica

Pensieri scuri aleggiano all'orizzonte.

Pensieri scuri delle domeniche senza te.

Dove dei? Cosa fai? Mi stai pensando?

Quanto tempo ancora, prima di poterti rivedere?

Ma, ti rivedrò? Mi aspetterai? Ci sarai ancora?

Ansia, inquietudine, angoscia, agonia,

il tempo che non passa più.

Mi fermo un momento, immagino il tuo viso

Un onda di calore nel cuore, sorrido dentro me.

Manca poco a domani. Dormi ora.

L'operaio Polacco

Sabbia di mare.
La sento scorre tra le dita.
Posso sentirne i granelli finissimi
Quasi uno ad uno come piccole vite di un grande mondo.
Alzo la testa a guardare l'infinito.
Quanto siamo inutili di fronte a questa immensità.
Quanto piccole sono le nostre vite,
d'avanti alla maestosità dell'universo.
Rimango attonito, con gli occhi sbarrati,
davanti a questa meraviglia ed è inevitabile chiedersi
chi possa aver pensato e ordinato tutto questo.
Allora non posso fare a meno di ripensare a cosa
voleva dirmi Carol, quando mi è venuto in sogno ed
ammiccando, mi ha sorriso. Forse i sassolini che spostavo
dal suo tavolo rappresentavano le nostre piccole vite,
ricordo che me ne cadde uno e mi gettai a terra
per raccoglierlo e non perderlo, voleva dirmi qualcosa?
Cosa voleva quella notte l'operaio Polacco?
Perché mi guardava e mi sorrideva con quel suo
bel viso placido e sereno? Io cosa mai avrei potuto fare per lui?
Rimango confuso davanti a questi eventi,
non distinguo quando il sogno è solo tale

e quando non ha una reale connessione con la realtà.
Quel viso, quel sorriso caldo, mi è rimasto stampato nella mente.
Di tanto in tanto riaffiora tra i pensieri, come se volesse dirmi
ancora qualcosa, come se volesse suggerirmi di andare,
come se volesse lasciarmi una traccia da seguire, un segno
o forse era solo un sogno e sono io che mi perdo, tra le mille
domande della vita e i mille rivoli dei miei pensieri.

Tienimi

Tienimi vicino al tuo cuore
Io starò lì ad ascoltare i sui battiti.

Tienimi vicino al tuo respiro
Io starò lì a scaldarmi al suo tepore.

Tienimi vicino all'anima
Io starò lì a guardarla meravigliato.

Tienimi con te per sempre
Io starò lì abbracciato alla tua vita.

Sogni

Piccola stella del mattino,
Così lontana, così lucente.

Dolce compagna di viaggio,
Così serena, così severa.

Musa ispiratrice di tanti sogni,
Così impossibili ma, così belli.

Anche se i miei sogni resteranno solo sogni,
quello che il mio cuore prova è comunque vero.

Invisibile

Lungo la strada nessuno mi ha visto.

Nessuno mi guardato per farmi un sorriso

Nessuno ha notato la mia presenza.

Anche tu ,hai solo guardato attraverso me,

come fossi una lastra di vetro.

Ora sono qui con il cuore freddo,

vorrei essere arrabbiato ma non ci riesco.

Mi basta pensare ai tuoi occhi per sorridere

e credere che forse domani ti accorgerai di me.

Una ad una

Questa notte non ho dormito
Ho inseguito i pensieri per la stanza
Il soffitto mi ha fatto da cielo
Le pareti da alti picchi nevosi
Come in una ripida scalata
ho affrontato le domande una ad una
Senza riuscire a dare risposta

Piccolo fiore

Dove sei piccolo fiore.

Il deserto che ci separa è troppo grande

Ti inseguo ora mai da troppo tempo

Senza riuscire a raggiungerti

Sulla cima di alte dune

a volte ti scorgo lontana

allora corro per raggiungerti

per scoprire che era solo un miraggio

Dove sei piccolo fiore.

Le mie labbra spaccate dalla sete

fremono al ricordo delle tue

Rapito inseguo il tuo profumo

Il ricordo dei tuoi sguardi mi sorregge

Odo ancora l'eco della tua voce calda

Ti cerco dentro al labirinto inestricabile

qual' è divenuto il mio amore disperato

Dove sei piccolo fiore.

Vento tra i pensieri

Il vento tra i pensieri mi sussurra
parole sognanti.
Parole dolci
come il tuo sguardo,
parole calde
come il tuo cuore.
Fermati un momento, siedi accanto a me
e prendimi per mano.
Per te non ho frasi eclatanti,
ho solo un semplice Ti amo.

Delizia

T'ho visto in lontananza
a perdifiato t'ho rincorso
ad un passo dal toccarti
sei svanita in un istante.
Scherzi della mente.
L'eternamente cercarti,
mi procura vividi miraggi.
Eppur parevi tu in lontananza
il biondo crine, il profilo esile,
l'andatura seria e il risoluto cipiglio.
Ancora ed ancora t'ho cercata,
senza pace ti ho rincorso.
E proprio mentre stavo desistendo,
eccoti gioiosa che mi appari.
Salve mia delizia, mio splendido fiore
l'incontrarti è un piacere per la vista e per il cuore.
Con gli occhi sazi di te, ora posso andare
e sognare che domani ancor ti potrò incontrare.

Parigi

Mi torna in mente Parigi
Noi due soli lungo la Senna
A passeggiare e parlare d'amore.
La pioggia cadeva ma, non ci importava.
Eravamo noi due soli e nulla poteva distrarci.

Fermati

Fermati un istante.

Voltati a guardarmi.

Cosa vedi nei miei occhi?

Sono gli stessi di un tempo?

Fermati un istante.

Voltati a parlarmi.

Senti ancora la mia voce?

È sempre quella di un tempo?

Questo amore è ancora vivo

O è solo cenere di se stesso?

La speranza e la gioia d' un tempo

hanno lasciato il posto alla noia?

Ha ancora un senso la vita insieme?

O è solo oramai una mera consuetudine.

Quante volte mi fermo a pensarti?

Quante volte ti fermi a pensarmi?

Rispondimi amore, sei tutto quello che ho e

non resterei un istante, se non lo volessi tu.

…preferisco rimanere uno stupido innamorato.

L'uomo di terracotta

Solo mi giro nel letto
Incapace di soffocare le lacrime
Questa notte non è come le altre.
Questa notte non mi vuole aspettare.
Se ne va via lontano senza me,
lasciandomi attonito al buio.
Mi sto sgretolando lentamente
sento i pezzi che pian piano
si staccano dal mio corpo.
Solo un mucchio di polvere,
ecco cosa sarò domani.
E tutto questo piangere
non sarà servito a nulla.

Vorrei

Vorrei poggiare la
mia testa sul tuo seno
ed addormentarmi mentre
mi accarezzi i capelli.
Vorrei sognare di vallate verdi
sfiorate da leggeri e tiepidi venti,
vedere cavalli correre in lontananza
annusare il profumo dell'erba e dei fiori.
Vorrei inebriarmi della luce del sole
allungare la mano a seguire
il profilo delle montagne.
Vorrei guardare il blu terso del cielo
e perdermi tra i sentieri del tempo.
Vorrei risvegliarmi e socchiudendo
gli occhi, vedere il tuo viso sereno,
baciarti dolcemente e stringerti
assaporando il tepore del tuo corpo.
Vorrei trasmetterti quel senso di pace
profonda e donarlo al tuo tenero cuore,
gioire del suo battito sereno e custodirlo
in uno eterno scrigno prezioso.

Roberta

Raggio di luce,
mia dolce fanciulla.
Pelle di luna e sguardo sincero
Ti guardo crescere seguendo
defilato il tuo cammino.
Ricordo i primi passi incerti,
ora vedo quelli sicuri di una donna.
Mia infinita gioia, mia dolce poesia.
Rimani così, sincera e delicata,
appassionata ed innamorata.
Il cielo ti accompagni e ti doni
giorni splendenti e se talvolta
qualche nube si affaccerà all'orizzonte,
non temere, se vorrai io sarò lì accanto a te
per mandarla via.

Ciclamini e rose

Mi alzai e tornai fuori
Le stelle erano tutte lì
Non so se mi aspettavano
O se erano lì per caso
L'aria aveva un profumo buono
Come di ciclamini e rose
Mi sentivo inebriato e felice.
Il cuore si aprì ad un nuovo giorno
Ad un nuovo cammino

Piccola Venere

Buongiorno mio dolce desiderio,
mio primo pensiero del mattino,
stella tra le stelle, fiore tra i fiori.
Concedimi il privilegio di essere
al cospetto del tuo dolce risveglio tra le
candide lenzuola del giaciglio che l'intera notte
t'ha cullato. Angelo tra gli angeli
anche gli dei che ti hanno creata senza
lesinar bellezza, rimangono abbagliati al tuo
sorgere radioso. Piccola Venere fragrante
di misteriosi profumi, la mia mente inebri portandola
a sognare lontane alcove ove il mio amore non teme

Ti porterò via

Un tempo infinito ci separa
Un tempo brevissimo ci unisce.
Poi il nulla, solo il buio della notte.
Guarda ad est, le stelle sembrano
così vicine da poterle toccare.
Ho i piedi bagnati dal mare
e le braccia aperte verso te.
Ad occhi chiusi ascolto la risacca,
sembra consumarmi l'anima come
fa piano, piano con la sabbia che
squassa come la camicia
di un naufrago del tempo.
Non starò li ad aspettare,
ti prenderò per mano e ti
porterò via.

Oggi è per te

Oggi è per te, mia dolce compagna.
La mente mi porta al tempo trascorso insieme
Io immagino come due mani che si cercano,
come le nostre mani, che si cercano ancora oggi
non ancora paghe di essere l'una dell'altra.
Oggi il sole sorge solo per te, mio dolce amore.

Clomipramina 125 mg /die

Arriva la mattina col caffè e
mi squassa come una nave
in mezzo ad una tempesta.
Dicono che mi fa bene.
Forse fa bene a voi,
sapere che la prendo.

Parlami

Il tuo viso è costantemente presente nella mia mente.

M'immagino i tuoi occhi dentro ai miei, le tue labbra sulle mie.

le tue mani nelle mie, la tua pelle sulla mia.

Parlami amore te ne prego, parlami ancora voglio

sentire il suono della tua voce e svegliarmi altrimenti impazzisco,

come ha già fatto il mio cuore. Ti amo ed e' bellissimo

dirtelo senza paura.

Pensieri

Ti guardo mentre assorta pensi
la testa china su un lato e lo sguardo nel vuoto
il sollevarsi ritmico del seno mentre respiri piano
le mani una nell'altra come a cercare conforto
i capelli mossi da una leggera brezza.
Dove ti stanno portando i pensieri?
Il tuo viso non tradisce emozioni
i tuoi occhi guardano lontano
ora ti mordi piano un labbro
e stringi le palpebre come
per guardar più forte.
Senza distogliere lo sguardo
sollevi una mano per spostare una
ciocca di capelli dalla fronte poi
abbassandola lentamente
la riporti ad unirsi con l'altra.
Rimarrei per ore a guardarti.
Come vorrei essere io l'oggetto
di quel pensare così
intenso.

Anima

Nuvole aggrovigliate come pagine
di un libro letto troppo in fretta.
Giorni a rincorrere lontani desideri
di serenità mai appagata.
Eterna sensazione di vuoto
e di inadeguatezza.
Mi vedo chino a specchiarmi
in uno stagno e con la mano cercare,
senza riuscirci di toccare il mio
viso riflesso sull'acqua.
Così, insoddisfatto e deluso.
Quanta anima mi chiedi
per un briciolo di tranquillità.
Quanta ancora te ne dovrò dare
per potere finalmente placare
la mia vita.
Rimango così, senza parole,
senza più fiato a cercare
risposte a domande infinite

Indice

Due minuti
Crema
Il cielo
Parole
Tu
 Fiore di campo
Abisso
L'alba
Girotondo
Perchè?
Dolcemente
Irrangiungibile
Il tempo che passa
I tui occhi
Felicità
Rosa rossa
Ali di farfalla
Pomeriggio d'estate
Tre dicembre
Bambino
Non passerà mai
Il buio
Preghiera all'acqua
L'amore non si dimentica
Quante volte
Alessandria
Diagnostic and Statistical Manual of Mental Desorders
Se sei tu l'amore
Valerio
Risveglio (Paola)
L'unico scopo finale
Nulla da capire
Puzzle
Ad occhi aperti (sogni)
Mirto
Perchè (stupido)
Tempesta
Poco o niente
Solo

44   Angelo
46 Spirale di luce
47 Un sogno agitato
48 L'ultimo pensiero
49 Mi fai male
50 Non mi avrai
51 Stupore abbagliante
52 La linea della vita
54 Petali
55 Volare
56 Piccolo mondo
57 Ti amo
58 Per sempre
59 Cuore
61 Quanto amore
63 Pazzo
64 Domenica
65 L'operaio Polacco
67 Tienimi
68 Sogni
69 Invisibile
70 Una ad una
71 Piccolo Fiore
72 Vento tra i pensieri
73 Delizia
74 Parigi
75 Fermati
77 L'uomo di terracotta
78 Vorrei
79 Roberta
80 Ciclamini e rose
81 Piccola Venere
82 Ti porterò via
83 Oggi è per te
84 Clomipramina 125 mg /die
85 Parlami
86 Pensieri
87 Anima

www.ingramcontent.com/pod-product-compliance
Lightning Source LLC
LaVergne TN
LVHW021541080426
835509LV00019B/2777